LES
MOBILES DE LA SEINE

AU

SIÉGE DE PARIS

CAMPAGNE
DU 8ᵉ BATAILLON

1870 — 1871

PAR JEAN MEILLAC

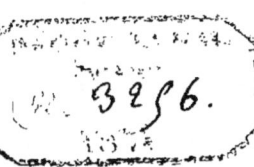

PARIS
IMPRIMERIE DE GEORGES KUGELMANN
13, rue du Helder, 13.

1871

Mon cher ami,

Notre ancienne amitié m'a valu ce privilége de connaître le premier ces notes que vous vous plaisiez à inscrire chaque jour et m'a donné le droit de vous engager à les publier ; le plaisir que je viens d'éprouver en les relisant, sera, j'en suis sûr, partagé par tous nos camarades qui, en parcourant ces quelques pages, seront heureux de retrouver comme moi, avec le souvenir des fatigues qu'ils ont supportées et des affections qu'ils se sont créées, la trace de leurs espérances déçues, et un gage de confiance pour l'avenir.

E. M.

CHÂLONS

1ᵉʳ-18 AOUT

—

Le 1ᵉʳ ~~juillet~~ *aout*, à six heures du matin, nous débarquions à la gare de Mourmelon; il ne nous restait rien de l'enthousiasme que nous avions la veille au moment du départ; nous n'avions pas fermé l'œil de la nuit, qui s'était passée à chanter et à rire.

A chaque station, les habitants, prévenus du passage des mobiles de Paris, nous saluaient aux cris de : Vivent les moblots ! A Berlin ! Nous répondions à tant d'entrain par l'achat de nombreuses bouteilles de champagne. Le jour nous surprit en plein matériel de guerre à Châlons; la gare était encombrée de wagons chargés de pièces d'artillerie. Deux heures après nous étions arrivés, sauf les six ou sept kilomètres qui séparent le camp de la gare de Mourmelon.

Jamais promenade ne m'a paru plus longue; la chaleur était étouffante, un soleil impitoyable dardait ses rayons sur nos épaules meurtries par les banquettes de bois du chemin de fer, les premières et les secondes ayant été rigoureusement réservées aux officiers et sous-officiers. Là, nous commençâmes à maudire nos sacs, pauvres fantassins, sac au dos ; Sisyphe roulant son rocher n'était pas plus mouillé de sueur.

Enfin, voici le camp ; c'est une vraie ville, avec ses rues, ses boulevards et ses places : d'un côté le carré des officiers, de l'autre nos tentes bien alignées ; chaque compagnie occupe une rangée séparée de la compagnie voisine par un espace de deux mètres ; de larges avenues séparent l'emplacement de chaque bataillon. Les mobiles qui nous ont précédés, la veille et l'avant-veille, s'empressent sur notre passage et nous font le tableau le plus sombre de l'existence du camp : « Ici l'on crève de faim, » disent-ils. La chose est heureusement fort exagérée ; mais l'on pardonnera ces plaintes à des jeunes gens brusquement enlevés à la vie confortable de la famille et aux plaisirs si faciles de Paris.

Les officiers nous désignent nos places, dix par tente ! A trois ou quatre l'on y serait à l'aise, mais nos chefs seuls ont ce privilége. « Ne vous plaignez pas, nous dit notre sergent instructeur, vieux troupier de Crimée, si la compagnie était au complet vous seriez quatorze sous la même toile. » Ceux qui les habitaient avant nous devaient être au complet sans doute, si j'en juge par la quantité de parasites qu'ils ont eu le soin d'y laisser.

Le clairon sonne ; les fourriers et les caporaux de semaine choisissent les hommes de corvée : il faut, à peine arrivés, revenir au village de Mourmelon et en rapporter des vivres et de la paille fraîche. C'est ici surtout qu'il est vrai de dire que l'on se couche comme l'on fait son lit.

Après trois heures de fatigue, nous sommes installés

à peu près; les tentes sont nettoyées, chaque homme a une botte de paille pour se reposer et une couverture pour se couvrir. Le dîner vient ensuite, la soupe et le bœuf; un de nos camarades s'est improvisé cuisinier; la nourriture n'est pas délicate mais en quantité suffisante, et maintenant que je suis aguerri, je ne songe plus qu'elle est préparée en plein vent et que le sel et la poussière l'assaisonnent à dose égale.

Nous devions éprouver, dès le premier jour de notre arrivée au camp, tous les désagréments de la vie du soldat en campagne. A l'exception de quelques infatigables, qui étaient allés goûter les délices de Mourmelon, nous reposions tous sous nos tentes quand un violent orage a éclaté. En un instant le fossé creusé autour de la toile s'est empli d'eau et a débordé dans notre enceinte; nous nous sommes précipités, et sous une pluie battante nous avons réparé le fossé, que depuis nous entretenons avec le plus grand soin. Quelques tentes même ont été renversées, et les malheureux qu'elles n'abritaient plus ont dû implorer l'hospitalité de leurs voisins.

L'emploi des trois premiers jours a été laissé à notre discrétion; à part les corvées et les distributions de vivres, nous n'avons pas eu de service à faire. Nous avons profité de notre liberté pour achever notre installation et explorer les environs. Vous savez quelles peuvent être les distractions d'une garnison; je ne vous dirai donc rien du Grand ni du Petit Mourmelon, où l'on voit au milieu d'un nuage de poussière, se coudoyer dans les rues une multitude de soldats de toutes armes; mais je conserverai longtemps le souvenir de cette vaste plaine de la Champagne, couverte de thym et de bruyère et parsemée de bouquets de sapins. Dans les longues excursions que j'y ai faites, j'ai éprouvé un plaisir que l'agitation et le bruit de Paris ne m'avaient jamais révélé.

Cependant la nostalgie du Boulevard a réduit notre nombre, plusieurs se sont trouvés malades et ont su revenir à Paris ; d'autres, trop bien portants pour trouver une semblable excuse, se sont fait détacher dans les bureaux de l'intendance. Cet abus des protections a produit parmi nous le plus mauvais effet. Ce n'est pas que nous regrettions ces camarades qui, ne pouvant déjà supporter nos ennuis, nous eussent certainement abandonnés dans les périls qui nous attendent ; mais nous avions cru que la justice et l'égalité régnaient sous les drapeaux. Il n'en est rien.

Le Français se fait à tout, et le Parisien possède au plus haut degré cette faculté ; quelques jours ont suffi pour donner au camp un aspect tout nouveau : les arts, les métiers sont représentés dans nos rangs, et tandis que tapissiers et ébénistes confectionnaient, à l'aide de planches dérobées je ne sais où, un mobilier sommaire, les dessinateurs traçaient avec du charbon les dessins les plus fantaisistes sur les toiles de nos tentes : *Utile dulci*. D'autres enfin écrivaient aux journaux, quelquefois pour se plaindre, c'est encore dans la nature du Parisien, et peut-être trouverait-on ici l'origine du canard reproduit par tous les journaux de Paris. Nous avons lu que nous nous étions insurgés et que nous avions incendié notre camp. La vérité est que nous avons mis le feu aux monceaux de paille que nous avions balayés de nos tentes ; c'était simplement une précaution d'hygiène.

Après ces quelques jours donnés au repos, la vie militaire a sérieusement commencé ; le service a été organisé ; une section ou demi-compagnie est de garde nuit et jour. A quatre heures du matin, un coup de canon donne le signal du lever ; les clairons sonnent la diane. A quatre heures et demie le bataillon, aligné sur le front de bandière, répond à l'appel et se rend ensuite sur le terrain de manœuvre, où il reste jusqu'à huit heures. A dix heures se fait le rapport, pendant lequel on désigne les officiers, sous-officiers et soldats qui vont prendre le service pour vingt-quatre heures. A midi, nouvel appel et exercice de deux à quatre heures. Nous avons été sans armes pendant quelques jours, et rien n'était moins imposant que nos sentinelles montant la garde avec des bâtons. On nous a distribué depuis des fusils à tabatière. Nous sommes fort mécontents ; cette arme, d'une portée médiocre, est lourde et peu maniable.

De l'école du soldat nous avons passé rapidement à l'école de peloton et à l'école de bataillon ; nous manœuvrons assez bien ; chacun, du reste, y met du sien ; le temps presse : nous aurons à venger Forbach, Wissembourg, Reischshoffen ; ces désastres ne nous découragent point : nous savons que dans ces journées fatales nos petites armées de vingt-cinq et de trente mille hommes ont eu à lutter contre cent et cent cinquante mille Prussiens, et qu'elles ont fait chèrement payer à Guillaume sa sanglante victoire.

Mais qui a ainsi organisé nos défaites ? Quel cerveau a ourdi ce plan qui consiste, en face de huit cent mille hommes, à affaiblir encore, en la divisant, notre seule armée de deux cent quarante mille soldats ? Jusqu'au jour où l'histoire nous dira le nom du coupable, c'est l'Empereur que nous accuserons. Il est ici, dit-on, mais il ne se montre pas ; on lui ferait mauvais accueil au camp des mobiles. S'il n'est point de héros pour son valet de chambre, nous vivons à Paris trop près des grandeurs pour que leur prestige puisse, à nos yeux, survivre à l'insuccès. Le 15 août s'est passé ici comme un jour ordinaire; l'Empereur l'a voulu ainsi, du reste, comprenant que, chez nous tous, il n'y avait d'autres sentiments que ceux inspirés par les malheurs de la France. Nous avons applaudi quand M. de Mirandol, notre chef de bataillon, nous a dit à l'appel du matin :

« Mes enfants, vous ne sauriez prendre du repos et
« célébrer de fête quand l'ennemi est sur notre terri-
« toire, rendez-vous au champ de manœuvre et prépa-
« rez-vous à la lutte. »

Le maréchal Mac-Mahon réunit près de nous une nouvelle armée. Outre les contingents nouveaux envoyés par les dépôts des régiments, elle comprend tout ce qui a pu échapper à la poursuite de l'ennemi dans les affaires si malheureusement engagées jusqu'ici : soldats de ligne, zouaves, turcos; ces malheureux, venus pour rejoindre le maréchal, ont passé au milieu de nous. Nous les avons vus sans armes, sans sacs, couverts de haillons, mais tous altérés de vengeance et ne s'expliquant leurs défaites que par la trahison. — La trahison! Hélas! non; nous n'avons pas un traître en France, mais nous avons des incapables.

La défiance, au reste, est devenue générale, et dans le camp, malheur aux visiteurs civils ou militaires qui ne répondent pas immédiatement aux justifications demandées par les sentinelles. C'est ainsi qu'un capitaine d'état-major nouvellement débarqué d'Afrique et portant une longue barbe blonde a été pris pour un espion par quelques mobiles qu'il questionnait sur leur armement. Saisi aussitôt et jeté à bas de son cheval, il n'a dû la vie qu'à l'intervention de nos officiers. Le commandant des gardes mobiles de la Seine, le colonel

Berthault, auquel nous l'avons conduit, a eu toutes les peines du monde à le préserver et à dissiper nos soupçons.

Nous espérions prendre part à la revanche que l'on projette, mais on ne livrera point bataille dans les plaines de Châlons; Mac-Mahon est parti avec l'armée dans la direction de Reims, d'où il regagnera, dit-on, le théâtre des derniers événements pour opérer sa jonction avec le maréchal Bazaine, campé sous les murs de Metz.

Destinés dans le principe à former la garnison des places frontières, nous cessons de faire partie de l'armée du Rhin, nous rentrons à Paris. Pourquoi nous a-t-on fait séjourner au camp de Châlons? Ne pouvait-on nous instruire et nous armer à Strasbourg, à Phalsbourg, à Toul, à Belfort? dans ces places même que nous devions défendre, et qui, à cette heure, complètement investies, n'ont sans doute que des garnisons insuffisantes. La joie que nous avons tous de revoir Paris n'exclut cependant pas la tristesse chez ceux d'entre nous qui réfléchissent à l'avenir : Paris ! Paris ! tel est notre cri, notre désir ; tel est aussi le cri de l'armée prussienne qui nous suit à quelques journées.

Le 18 août, nous quittons le camp de Châlons à deux heures du soir; nous sommes sur pied depuis quatre heures, le départ ayant été fixé pour cinq heures du matin ; mais les voitures que devait fournir l'administration ne sont arrivées que dans l'après-midi: il n'y a point d'heure militaire pour l'intendance. Nous étions à Reims à minuit, après une étape de quarante kilomètres ; j'emporte de l'hospitalité de cette ville le plus mauvais souvenir. Pendant que le plus grand nombre de nos camarades restaient couchés dans la cour de la gare, harassés de fatigue, se contentant du pain de munition que nous avions apporté du camp, quelques autres parcouraient la ville et n'obtenaient qu'à grand'peine des rafraîchissements qu'ils payaient cependant fort cher. Je pardonne à la ville de Reims si les Prussiens y reçoivent jamais le même accueil.

Durant la nuit, des trains partant d'heure en heure, nous amènent à Nogent-sur-Marne, d'où nous sommes dirigés sur le camp de Saint-Maur.

CAMP DE SAINT-MAUR

19 AOUT. — 6 SEPTEMBRE

Saint-Maur est si près de Paris que nous allons passer dans nos familles les heures que ne réclame point le service. L'aspect de Paris nous rassure et nous encourage, la vue des préparatifs de défense activement poussés sur tous les points nous rappelle que le premier devoir pour nous, en ce moment, est le devoir du soldat.

La nouvelle de la capitulation de Sedan, apportée ces jours-ci, a froissé notre orgueil et donné plus d'énergie à notre patriotisme. Que l'Empereur se rende et se résigne à la honte, la France ne se rendra point.

Les moins belliqueux sont aujourd'hui pleins de résolution, une chanson seule est à la mode, *le Rhin Allemand*, et nous l'applaudissons chaque soir avec fureur dans les cafés de Joinville-le-Pont.

Nous sommes enfin armés de chassepots et portons fièrement le sabre-baïonnette ; le général Trochu nous a passé en revue dans le polygone de Vincennes et nous a complimenté sur notre allure militaire ; le général nous a, dit-il, rappelé du camp de Châlon pour nous confier dans la défense de Paris les places d'honneur; cette promesse a conquis au général toute la sympathie des mobiles parisiens.

Nous sommes consignés au camp; que se passe-t-il à Paris? Est-ce l'émeute? Non, c'est la Révolution? Toute résistance étant devenue inutile, l'Impératrice s'est retirée, comprenant bien qu'il n'y a plus de dévouement possible pour la cause d'un Napoléon qui se rend et ne meurt pas; l'Empire tombe, la République est debout.

Nos chefs doivent être renommés à l'élection; cette mesure est doublement maladroite, elle favorise l'indiscipline en amoindrissant l'autorité, et montre envers les officiers nommés par le régime précédent une défiance indigne de nous. Comme conséquence, nous avons eu quelques exemples d'insubordination, les absences, les irrégularités sont nombreuses; mais je dois dire en l'honneur de nos officiers que, dans ces circonstances difficiles pour eux, ils restent dignes et énergiques. Vous désiriez, disait ces jours-ci un d'entre eux aux gardes qui avaient manqué à l'appel, vous désiriez vous battre sous les murs de Paris; beaucoup d'entre vous répugnaient à servir l'Empire, vous n'avez désormais plus d'excuses; vous avez Paris et la République; moins que jamais je ne tolérerai maintenant vos manquements aux appels; si ma sévérité vous déplait vous pourrez, dans quelques jours, choisir d'autres officiers, mais jusque-là je maintiendrai rigoureusement la discipline.

L'effervescence règne encore dans certains quartiers de Paris; on cherche des armes, et l'on a, parait-il, songé aux chassepots de la Mobile; plusieurs centaines d'hommes sont réunis dans le bois de Vincennes pour se jeter la nuit sur nos armes; nous faisons bonne garde. A trois heures du matin, le bataillon est sur pied; nous sommes disposés à prouver aux malintentionnés que nos fusils sont en bonnes mains; mais prévenues de l'accueil qui leur est préparé, ces bandes se dispersent sans tenter leur surprise.

VILLEJUIF

7 SEPTEMBRE. — 19 SEPTEMBRE

—

Jusqu'au 7 septembre, les dix-huit bataillons des mobiles de la Seine ont vécu côte à côte, mais à partir de ce jour ils se séparent et chacun d'eux se rend au poste de combat qui lui est assigné.

Quelques-uns vont former la garnison des forts, les autres vont occuper dans la banlieue les postes avancés ; le huitième bataillon est du nombre de ces derniers, et se dirige sur Villejuif.

A notre arrivée les billets de logement sont distribués, mais une partie de la population a quitté le village, les portes sont closes; nous sommes obligés de nous disperser dans toutes les directions, en quête des maisons encore habitées. Cette situation est dangereuse; mais le lendemain le chef d'une vaste usine située dans la grande rue du village met obligeamment sa propriété à la disposition de notre commandant et le bataillon tout entier s'y loge commodément.

Le plateau de Villejuif dominant à courte distance la partie Sud-Ouest de Paris, le fort d'Ivry et le cours de la Seine n'étaient qu'imparfaitement défendus par le fort de Bicêtre ; cette position importante sera couverte désormais par deux fortes redoutes à l'achèvement desquelles on travaille avec activité, les redoutes des Hautes-Bruyères et du Moulin-Saquet, élevées à quelques centaines de mètres à droite et à gauche du village de Villejuif.

Le bataillon fournit chaque jour 150 travailleurs que l'on emploie au terrassement ou qui coupent les nombreuses pépinières à la faveur desquelles l'assaillant pourrait impunément s'approcher.

Rien n'est terminé que déjà l'armée prussienne est devant nous ; ses coureurs s'éparpillent sur la rive droite de la Seine, sept d'entre eux, dont un officier, ont tenté d'aborder l'autre rive, mais quelques francs-tireurs et parmi eux un homme du bataillon, Vignault, garde à la sixième compagnie, ont fait feu sur la barque : six uhlans ont été tués, le septième a été fait prisonnier ; c'est un grand et solide garçon, il boit avec ses vainqueurs et n'a nullement l'air de leur en vouloir d'avoir tué ses camarades ; il nous conte en souriant qu'au moment où ses compagnons sont tombés morts il s'est caché sous leurs cadavres.

Vignault est le héros du jour, le sabre qui lui est échu dans le partage des dépouilles nous empêche de dormir ; le sergent Languet, de la troisième compagnie, va le lendemain se poster à Choisy-le-Roi ; il tue un uhlan et revient, lui aussi, avec ses dépouilles opimes ; chacun alors brûle de démolir son Prussien ; mais défense nous est faite sous les peines les plus sévères, de quitter nos cantonnements, l'ennemi est maintenant en force sur la rive gauche, et jette sur le fleuve un pont de bateaux pour le passage de son artillerie.

Nous interrogeons les gendarmes à cheval qui viennent de reconnaissance : « Ils ne sont pas loin, répondent-ils, vous les verrez bientôt. » Les voir ! l'infanterie prussienne ne se montre qu'à coup sûr; elle attend pour attaquer, que les canons lui aient rendu la besogne facile

Il n'y a cependant pour défendre Villejuif et les deux redoutes construites, chacune pour deux ou trois mille hommes, que le bataillon, c'est-à-dire six cents hommes environ et deux compagnies de ligne du dixième et du deuxième régiment. Malgré notre petit nombre tout est préparé pour recevoir l'ennemi : nos compagnies ne quittent plus les jardins qu'elles doivent défendre ; il y a deux hommes par créneau, ils veillent à tour de rôle; pendant le jour l'ennemi fait de loin quelques démonstrations, la nuit il s'approche, ses éclaireurs poussent l'audace jusqu'à venir sous nos murs et ramper près de nos barricades; de tous côtés ils tâtent le terrain et cherchent le défaut de la cuirasse; mais partout on les accueille à coups de fusil. Notre commandant, M. de Mirandol, malgré un violent accès de goutte, reste constamment parmi nous et communique à tous son courage et sa fermeté; lorsqu'il annonce que les gardes enrôlés récemment, n'étant pas suffisamment exercés, ont la faculté de rentrer dans Paris, quatre seulement se retirent; le bataillon avait reçu soixante recrues.

Depuis trois jours et trois nuits nous sommes continuellement tenus en alerte ; nous recevons enfin du renfort de la division Maud'hui; nous oublions nos fatigues et c'est aux cris de : vive la ligne! vive la mobile!

vive l'artillerie ! que les nouveaux combattants défilent et vont prendre position dans les redoutes.

De son côté, l'ennemi est nombreux; pendant la nuit le passage de ses troupes à Choisy-le-Roi ne discontinue pas et ses feux de bivouac s'étendent de plus en plus dans la plaine à trois kilomètres de nous. De la barricade qui défend l'entrée de Villejuif, nous voyons aller et venir sur la route de nombreuses lumières; les Prussiens établiraient-ils une batterie? Le commandant veut en être informé et demande un homme de bonne volonté. Le lieutenant Maury, de la sixième compagnie, se présente ; à minuit il part avec les caporaux Théry et Bernadin, le garde Franchet et un quatrième dont le nom m'est inconnu. Ils s'éloignent en fouillant les bouquets de bois qui bordent la route ; depuis une demi-heure ils marchent, quand la lune, se dégageant des nuages fort à propos, leur montre à vingt pas une sentinelle ennemie ; le Prussien se replie aussitôt dans un fourré d'où s'échappe peu après un bruit de branches que l'on brise et d'armes que l'on apprête : c'est la grand'garde ; nos cinq hommes, un genou en terre, le doigt sur la détente, attendent vainement que l'ennemi se découvre ; ils se décident enfin à revenir, ne s'expliquant pas qu'ils n'aient pas été un peu fusillés, mais rapportant au commandant les renseignements qu'il désire : l'ennemi ne fait pas de travaux, mais de nombreux convois montent de Choisy et de Thiais, traversent la route de Villejuif et se dirigent sur Chevilly et l'Hay.

Le matin, à six heures, les tirailleurs ennemis couvrent le plateau ; ils s'avancent, abrités par les arbres et les vignes que nous n'avons pas eu le temps de raser. Le feu s'engage de toute part ; nos mitrailleuses des redoutes font entendre leur broiement sinistre; après une heure d'attaque infructueuse les Prussiens se retirent; bon nombre des leurs ont été mis hors de combat; mais c'est partie remise ; devant nous sont des masses nombreuses qui n'ont pas encore donné ; en effet, à onze heures, le combat recommence, l'ennemi se met en ligne en face de notre barricade ; une pièce de douze que le fort de Bicêtre vient de nous envoyer, a bientôt déblayé le terrain, l'artillerie prusienne répond par des obus inoffensifs qui tombent en avant de nos abris. L'assaillant semble dans la soirée, concentrer ses efforts contre la redoute des Hautes-Bruyères ; mais les canons et les mitrailleuses dont elle a été armée la veille ripostent avec énergie, le forcent à la retraite ; on lance à sa poursuite un régiment de marche qui n'a pas encore pris part à l'action. Devant Chevilly, un feu violent l'arrête, l'ennemi est invisible ; caché dans les fossés, embusqué derrière les murs et les haies, il fait pleuvoir une grêle de balles sur nos soldats découverts; ceux-ci se replient, ramenant un certain nombre de blessés, les morts sont restés sur le terrain. L'aide-major du bataillon, M. Crosnier, sort de Villejuif avec une voiture d'ambulance ; les Prussiens lui intiment l'ordre de se retirer.

Le canon a retenti toute la journée du côté de Châtillon; nous espérons que, là comme ici, l'ennemi aura vainement attaqué.

La nuit vient, c'est la cinquième que nous allons passer sur pied ; une nouvelle que nous ne pouvons nous expliquer circule dans nos rangs : l'ordre serait donné d'abandonner nos positions. M. Walewski, sous-lieutenant à la première compagnie, remplissant dans la circonstance auprès du commandant les fonctions d'officier d'ordonnance, se rend à plusieurs reprises du village à la redoute du Moulin-Saquet; la route est courte mais dangereuse, les coureurs prussiens y viennent chaque nuit ; ce jeune officier fait ce trajet seul et à cheval, il répond ainsi aux insinuations malveillantes que des journaux ont répandues en vue des élections contre son nom bonapartiste. M. Walewski se tait sur sa mission ; nous savons toutefois que le commandant de Mirandol se refuse à quitter les positions dont l'importance est indiscutable ; mais, à dix heures du soir, les redoutes sont complétement évacuées par les troupes venues la veille. Dès lors l'ennemi peut facilement tourner notre position, et cette perspective ébranle quelques-uns des nôtres déjà rompus par la fatigue ; toutefois, personne ne bouge devant l'attitude résolue de certains officiers.

Tout à coup la fusillade éclate dans la partie gauche du village : ce sont des soldats des deux compagnies de ligne formant avec nous la garnison de Villejuif qui tirent sur leurs camarades placés en grand'garde ; ces derniers se débandent et c'est un de nos capitaines, M. Léger, de la 4e compagnie, qui les ramène à leur poste après avoir fait cesser cette fâcheuse méprise.

Pendant la journée, on a maladroitement mis le feu à une maison isolée et située en avant de la grande barricade; l'incendie a couvé jusqu'alors, mais sur les deux heures du matin, les flammes s'élèvent et jettent une vive clarté jusque sur les redoutes abandonnées. Il est facile à l'ennemi de se rendre compte de notre situation. M. de Mirandol ne se résigne toutefois à donner le signal de la retraite que sur un ordre formel de l'amiral Pothuau qui commande au fort de Bicêtre.

A quatres heures, nous sortons les derniers de Villejuif, nous rentrons à Paris.

PARIS

20 et 21 septembre

—

A la place Vendôme nous formons les faisceaux, en attendant les ordres de l'état-major; le général Trochu, satisfait de la conduite du bataillon, le met à l'ordre du jour et lui accorde vingt-quatre heures de repos.

Nous nous rendons à la place des Invalides : un poste y est formé pour la garde de nos armes et de nos effets, puis chacun est libre et se rend à la maison. La maison, c'est-à-dire les soins, les affections, la famille, véritables délices dans lesquelles nous ne faisons que passer. Le lendemain, en effet, nous sommes tous réunis à l'appel; nous devons occuper, le soir même, le village de Pantin; mais, avant le départ, nous procédons à l'élection de nos officiers. Trois lieutenants sont nommés aux emplois vacants de capitaine; nous mettons dans nos votes moins d'injustice et d'impatience que l'Athénien d'Aristide; l'ancien cadre subit toutefois quelques modifications.

Les officiers nomment à leur tour le commandant : M. de Mirandol est remplacé par M. Léger. En toute autre circonstance, ce choix eût été acclamé, nous n'en doutons point ; mais rien ne saurait justifier l'éloignement d'un homme dont nous venons d'apprécier le courage et le patriotisme, et que sa bonté expansive et familière nous a fait aimer. L'émotion de nos adieux, la sincérité de nos regrets, ont montré à M. de Mirandol combien il était populaire parmi nous, et ont dû le consoler de l'ingratitude de quelques-uns.

PANTIN

20 ET 21 SEPTEMBRE

—

Il faisait nuit noire quand nous sommes entrés à Pantin ; pas un habitant, pas une porte ouverte. Le maire de l'endroit n'a probablement pas été prévenu, et nous n'avons d'abri que dans une vaste bergerie, située dans la Grande-Rue ; mais pas un brin de paille à jeter sur l'infect fumier qui nous sert de litière ; nous expions le repos de la nuit précédente. L'on dormirait quand même, mais une fusillade assez vive éclate près de nous. Ce sont les postes bretons de garde près du canal de l'Ourcq, qui se fusillent entre eux et se débandent, pris d'une panique soudaine. A deux reprises notre compagnie de garde leur barre la route : ce n'est pas sans peine que l'on parvient à calmer leur défiance, tant ils sont persuadés qu'on veut les faire massacrer.

PONT D'AUBERVILLIERS

22 AU 25 SEPLEMBRE

Dès le lendemain matin nous partons. Près du pont d'Aubervilliers, nous plantons nos tentes-abris au milieu de champs de betteraves. Nous restons là pendant trois jours, respirant un air empoisonné par l'émanation des égouts.

Cette situation malsaine ne se prolonge heureusement pas ; nous recevons l'ordre d'occuper l'usine du pont du canal de l'Ourcq.

USINE DU CANAL DE L'OURCQ

26 SEPTEMBRE AU 19 OCTOBRE

—

Les vastes hangars de l'usine nous servent de caserne. On n'y est pas à l'abri du froid de la nuit; la pluie se fait jour au travers de la toiture délabrée, mais le propriétaire de cet établissement nous permet d'utiliser les bois que renferment ses chantiers. Grâce à cette complaisance, nous ne coucherons point sur la terre. En quelques heures des lits de camp sont installés; les plus industrieux dressent même de vraies maisonnettes de planches, avec compartiments au dedans et perron à l'extérieur : des dessins figurent des sculptures originales.

Pendant quelques jours les légumes abondent : à force de choux et de pommes de terre nous surmontons la répugnance que nous avons pour les salaisons et la viande de cheval. Mais bientôt la plaine qui avoisine le fort d'Aubervilliers est complétement dépouillée; des nuées de maraudeurs y viennent fouiller le sol et ne laissent plus un brin d'herbe en deçà de notre grand'garde, qui relie le fort à la ligne du chemin de fer de Strasbourg. L'impôt du sac, que nous prélevons sur ces malheureux, ne peut suffire aux besoins de tout un bataillon, nous irons donc nous-mêmes chercher notre pot-au-feu à Bobigny et au Drancy. L'ennemi est par-là, nous aurons aussi quelques balles à cueillir. Tant mieux, nous nous aguerrirons, et nous trouverons meilleures les carottes enlevées sous le nez des Prussiens.

Le 26 septembre, la 2e compagnie, capitaine Beaugendre, et la 3e, capitaine Potier, partent à midi, sous les ordres du commandant Léger, accompagné du capitaine Maury; l'on va reconnaître les postes de l'ennemi tout en protégeant les hommes de corvée. Tandis que ces derniers emplissent leurs sacs de légumes, les deux compagnies s'avancent dans la direction de Drancy ; les tirailleurs qui les précèdent, conduits par le lieutenant Bournon, engagent bientôt le feu avec les Prussiens. Ceux-ci, à l'abri derrière les murs, ripostent sans courir aucun danger. Cependant un de leurs cavaliers, qui se montre à l'entrée du village, tombe de cheval, frappé par nos balles. On se retire après avoir pris connaissance du terrain, et peu édifié sur le tir de l'ennemi, qui ne nous a fait aucun mal.

Deux funestes accidents nous ont profondément affligés, dès les premiers jours de notre arrivée à l'usine : l'un de nos camarades, le sergent Soyer, jeune homme charmant et du meilleur monde, a été tué par imprudence en faisant faire l'exercice aux recrues.

Le capitaine Potier s'est fait une très grave blessure en descendant de cheval : son revolver est tombé, le coup est parti, et la balle est entrée si profondément dans le talon que l'on n'a pu l'extraire encore. Transporté à l'ambulance du Grand-Hôtel, il lui faudra subir peut-être l'amputation. En tout cas, le bataillon est privé pour longtemps d'un excellent officier.

Dans la journée du 29 septembre, le commandant part en reconnaissance avec trois compagnies : la 6e, capitaine Maury ; la 7e, capitaine Albène; la 8e, commandée par le lieutenant Duval.

Ces deux dernières compagnies forment la réserve ; la 6e, qui a l'ordre de déloger l'ennemi du Drancy, se déploie en tirailleurs et marche rapidement sur la ferme du Petit-Drancy, éloignée du village de cinq cents mètres environ. Cette distance est franchie au pas de course ; dans le trajet, au commandement de : Halte ! les hommes se couchent à terre pour reprendre haleine; ils voient les Prussiens accourir et se ranger derrière les murs de clôture. — En avant ! crie le capitaine, qui s'élance et arrive le premier. Cette manœuvre a été si prompte que les Prussiens déconcertés n'ont eu que le temps de fuir sans tirer un coup de fusil et sans prévenir quelques-uns des leurs, qui restent encore, ne se doutant de rien. Malheureusement, la disposition des rues n'est connue de personne ; pendant qu'une partie de nos mobiles fouillent les maisons à droite et à gauche, quelques cavaliers s'échappent vers le Bourget.

Un Prussien resté en sentinelle réussit à se dérober au détour d'une rue. Le capitaine, qui a pénétré au centre du Drancy avec le reste de la compagnie, remonte le long des murs du parc vers la place de l'Eglise, et se trouve en face d'une dizaine d'Allemands, à la tête desquels marche un officier. Le capitaine

Maury est seul avec le fourrier Gilles, les hommes qui l'accompagnaient sont restés en arrière à explorer les jardins. — Voici des Prussiens : Feu! dit-il. Et avant que ces derniers ne soient revenus de leur surprise, l'un d'eux est tombé. Les autres se jettent précipitamment dans une ruelle qui s'ouvre sur la plaine dans la direction du Blanc-Mesnil. La compagnie se rallie, la réserve accourt, mais on ne trouve plus un ennemi dans le village.

Nos hommes reviennent, et la 6e reçoit les félicitations du commandant pour l'entrain qu'elle a déployé.

Nous sommes, depuis quelques jours, placés sous les ordres du commandant d'état-major Warnet, officier d'Afrique, qui réunit avec nous sous son commandement le bataillon breton, cantonné de l'autre côté du canal, dans Pantin même.

Le 2 octobre, nous recevons l'ordre de pousser une reconnaissance sur les bords du canal, près de Bondy. Notre commandant, M. Léger, dirige l'opération, à laquelle prennent part deux compagnies bretonnes et nos 2e et 1re compagnies. Le capitaine de la Mare engage l'attaque de front contre un premier poste ennemi, tandis que le lieutenant Walewski tourne le village de Bondy pour couper la retraite aux Prussiens; mais ceux-ci quittent la place et parviennent à se retirer rapidement derrière le canal, dont la berge leur sert de fortification. Des renforts leur viennent de la forêt, nous ne pouvons espérer de forcer le passage; le commandant ordonne la retraite.

Un moment la situation a été critique pour le capitaine de la Mare et le lieutenant Walewski; ce dernier surtout, qui s'était très avancé, a été le point de mire des tirailleurs ennemis. Nous n'avons eu qu'un homme tué. Les sergents Girard et Muller ont montré de l'intrépidité ; ce dernier a eu la cuisse traversée par une balle.

Nous n'avons pas d'aumônier au 8ᵉ bataillon ; cependant plus d'un d'entre nous est moins sceptique en face du péril, et, dimanche dernier, nous avons assisté à une messe dite au camp des Bretons. Les troupes en armes formaient les trois côtés d'un carré ; le quatrième était occupé par l'autel, adossé aux pentes escarpées de Romainville. Le canon du fort tonnait contre le Bourget ; ce spectacle imposant nous a rappelé le tableau de la *Messe en Kabylie*.

Quelques instants après cette cérémonie, les mobiles bretons ont arrêté un enfant de douze ans qui n'est autre qu'un espion ; on lui a offert quelques friandises.

Complétement rassuré, il est devenu causeur. Sa mère habite Belleville ; son père est dans l'armée prussienne, à Bondy, et il y a, dit-il, dans la forêt beaucoup de canons et beaucoup de soldats. On l'a fait conduire à Paris.

Le 6 octobre, à sept heures du matin, les quatre compagnies du demi-bataillon de gauche partent en reconnaissance sous les ordres du commandant Léger. Nous devons surprendre, s'il est possible, les Prussiens qui se sont installés de nouveau au Drancy. Le commandant d'état-major Warnet, qui, la veille, a fait appeler les chefs de compagnie pour leur donner ses instructions, est lui-même à Bobigny avec une partie du bataillon breton, prêt à nous porter secours en cas d'échec. La 8ᵉ compagnie forme la réserve ; la 5ᵉ, capitaine Ozou de Verrie, s'est postée sur la gauche du Drancy ; la 7e, capitaine Albène, sur la droite, avec mission de couper la retraite à l'ennemi ; la 6e compagnie, déployée en tirailleurs, marche de front sur le village, elle approche en silence, favorisée par le brouillard, lorsqu'une fusillade bien nourrie l'accueille à cinquante pas. Les mobiles se couchent à terre et ripostent, mais ils tirent au jugé. Les Prussiens sont à couvert. Le capitaine Maury commande : En avant ! et se jette dans le village, suivi par le sergent-major Baudoin, le sergent Pattey, le caporal Théry et un volontaire de la garde nationale, M. Mauret. Les tirailleurs se précipitent sur leurs traces. L'ennemi s'enfuit précipitamment, abandonnant sur le terrain des armes, parmi lesquelles quatre chassepots pris à Sedan, le cheval d'un officier et un prisonnier légèrement blessé à la main : c'est un chasseur de la garde royale ; il nous déclare que six de ses camarades ont été grièvement blessés. De notre côté, un seul homme a été atteint, le garde Charlot.

Mais le brouillard, qui a rendu incertain le tir de l'ennemi, protége aussi sa retraite, qui s'effectue sur le Bourget sans que la compagnie postée à gauche puisse s'y opposer.

Cette affaire nous a valu l'ordre du jour suivant :

A l'ordre de l'armée.

« Le général en chef s'empresse de porter à la con-
« naissance de l'armée un petit combat d'avant-postes
« qui fait honneur à la troupe engagée.

« Avant-hier, le 8e bataillon de la garde mobile de
« la Seine, sous le commandement du commandant
« Léger, a exécuté un hardi coup de main contre une

« grand'garde établie au village de Drancy. L'ennemi
« a été repoussé et a laissé plusieurs fusils sur place,
« le cheval du commandant et un blessé. Nous n'a-
« vons eu qu'un homme blessé légèrement.

« Le commandant Léger signale la conduite éner-
« gique du capitaine Maury, du lieutenant Bec, et des
« hommes de la 6ᵉ compagnie sous ses ordres.

« Au quartier-général de la Porte-Maillot, le 8 octo-
« bre 1870.

« *Le général commandant en chef,*
« Signé : Ducrot. »

Quelques jours après, M. Warnet nous fait ses adieux. Nommé lieutenant-colonel, il va remplir auprès du général Ducrot les fonctions de sous-chef d'état-major. Nous passons sous les ordres de l'amiral Saisset ; nous ne chômerons point avec lui ; sa vigilance nous est connue. Du haut des forts de Romainville et de Noisy, l'amiral surveille les lignes prussiennes; le jour, rien n'échappe aux lunettes marines ; nos avant-postes arrêtent fréquemment des maraudeurs qui ont communiqué avec l'ennemi et dont le signalement a été pris sur le fait, à quatre ou cinq kilomètres de distance. La nuit, les canons de marine font entendre leur voix formidable; les obus, traçant leur sillon dans l'air, sifflent au-dessus de nos têtes, et rappellent aux sentinelles isolées que l'on veille aussi là-haut.

La ferme de Groslay, située près de la ligne du chemin de fer de Soissons, sert de refuge aux Prussiens; l'amiral veut qu'elle soit incendiée. Quatre compagnies partent avec le commandant, les 1ʳᵉ, 2ᵉ, 5ᵉ et 8ᵉ; ces trois dernières, commandées par les capitaines Beaugendre, Ozou de Verrie, et le lieutenant Duval, restent en réserve et mettent le feu au bâtiment, tandis que le capitaine de la Mare porte en avant la 1re compagnie, dont la 2e section, sous les ordres du lieutenant Walewski, contient les postes ennemis qui ont essayé de nous inquiéter.

BOBIGNY

20-27 OCTOBRE

—

Depuis le 6 octobre, les Prussiens ont renoncé à occuper pendant la journée le village du Drancy, mais ils y envoient la nuit un poste qui se replie dès le matin; l'usine de l'Ourcq est trop éloignée de ce village pour que nous puissions opérer une surprise, nous nous rapprochons et nous prenons nos cantonnements à Bobigny.

Dès le lendemain de notre arrivée, les 1e, 2e, 3e, 6e et 8e compagnies vont pousser une reconnaissance sur la ligne de Soissons; à notre approche, l'ennemi évacue la ferme de Groslay que le feu a épargné une première fois; le commandant Léger, qui assiste à toutes nos sorties, fait de nouveau incendier les bâtiments et donne l'ordre au lieutenant Walewski d'attaquer le poste prussien que l'on voit à gauche de la route, à quelques centaines de mètres sur la ligne du chemin de fer; cet officier a sous ses ordres la deuxième section de la première compagnie renforcée de volontaires ; la première section sous, les ordres du capitaine de la Mare se déploie à droite de la route pour tenir en respect les tirailleurs ennemis que l'on voit accourir de la ferme de Nonneville ; les trois autres compagnies restent en réserve, disposition motivée par la proximité de Blanc-Mesnil et d'Aunai-les-Bondy où l'ennemi à plusieurs milliers d'hommes.

Le terrain qui s'étend de Groslay au chemin de fer est couvert d'arbres et coupé de fossés, les tirailleurs ennemis y sont embusqués sans doute. En effet, le capitaine d'Albène, qui a accompagné le commandant, lance son cheval au galop dans la plaine et reçoit à courte distance, mais sans être atteint, une volée de coups de fusil. Le lieutenant Walewski attaque aussitôt ; pressés vivement, les Prussiens reculent de buisson en buisson, de fossé en fossé, abandonnant çà et là leurs casques, objet de nos convoitises ; nos hommes parviennent ainsi à cinquante mètres du chemin de fer, mais là un feu violent les arrête ; couché sur la voie, abrité par le remblai, aux aguets derrière les murs d'une maisonnette de surveillant, l'ennemi crible de balles le fossé dans lequel le lieutenant Walewski a réuni ses mobiles. Le commandant fait alors sonner la retraite ; le nombre et la situation de l'ennemi nous feraient acheter trop chère la prise de cette bicoque dont les défenseurs deviennent de plus en plus nombreux.

Dans cette affaire, qui n'a pas duré moins d'une heure, les sergents Girard, Thirion, de Marescot et le garde G. Bertin ont donné à leurs camarades l'exemple du plus grand sang-froid.

Pour la première fois, nous avons vu un Prussien combattre à découvert, debout sur la voie, il tirait sur nous et semblait nous défier ; il a été tué par deux gardes de la 6ᵉ compagnie qui avaient été relever un blessé, Maucler de la 1ʳᵉ compagnie, mort quelques heures après.

Depuis que nous sommes à Bobigny, notre grand'-garde est établie près de la ferme du Petit-Drancy ; le temps est affreux, les sentinelles sont dans la boue sous la pluie glacée ; chaque nuit, les compagnies vont à tour de rôle se mettre en embuscade au Drancy où les patrouilles prussiennes viennent parfois se promener. C'est un renseignement donné par le franc-tireur Lacour, sorte d'espion assermenté. Ses paroles ne se réalisent point ; cet homme, du reste, n'inspire qu'une demi-confiance, et pourrait bien être un traître ; le sergent Colmet Daage de la 4ᵉ, qui a l'ordre de surveiller ses allures, se fait bravement son compagnon de course, pendant quatre nuits, bien disposé à lui brûler la cervelle au moindre signe équivoque ; jamais espion ne fut mieux espionné et ne courut un plus grand danger.

DRANCY

28-30 octobre

—

Le 28, au matin, nous apprenons que le Bourget a été surpris la nuit par les francs-tireurs de la Presse; abordés à l'improviste, les Prussiens se sont échappés en toute hâte, abandonnant leurs armes et leurs sacs. Malgré la pluie qui tombe à torrents, notre commandant se rend au Bourget, suivi de la 6ᵉ compagnie, dont le capitaine doit se mettre à la disposition du commandant des francs-tireurs de la Presse; mais ce dernier reçoit du renfort de Saint-Denis et d'Aubervilliers, nos hommes reviennent couverts de boue et mouillés jusqu'aux os.

Quelques heures après, l'amiral Saisset nous donne l'ordre d'occuper le Drancy où nous formons avec les éclaireurs Poulizac et un bataillon d'infanterie de marine la brigade du commandant de marine Salmon.

Notre première nuit d'occupation au Drancy est fort agitée; l'ennemi, qu'inquiète sans doute notre présence au Bourget et au Drancy, se prépare à repousser une attaque ou à prendre l'offensive. La grand'garde, formée par la 6ᵉ compagnie, signale des mouvements de troupes ; tandis que la 1ʳᵉ section de cette compagnie garde les jardins à l'extrême droite du village, la 2ᵉ section occupe plus loin, sur la route des Petits-Ponts, l'auberge de l'Alouette, à 300 mètres au plus de la ferme de Groslay. Les Prussiens, qui sont en nombre dans cette ferme, s'approchent à deux reprises à la faveur de la nuit ; mais notre petite garnison de l'Alouette les a aperçus et ses feux de peloton les forcent à s'abriter derrière les murs de Groslay.

L'ennemi tente sans doute quelque surprise au Bourget, car, de ce côté, la fusillade retentit fréquemment.

Cette nuit est l'une des plus dures que nous ayons encore eu à passer ; il pleut, il fait du vent, le froid est vif ; les sentinelles que l'on a doublées ne peuvent plus être relevées et n'ont pas un instant de répit.

En allant et venant de la maison l'Alouette aux jardins pour encourager son monde, le capitaine Maury a failli être tué ; au milieu d'une alerte, une sentinelle lui a tiré successivement trois coups de fusil. Le capitaine Albène l'a aussi échappé belle en faisant une ronde à cheval.

Au jour nous voyons les Prussiens par groupes nombreux en arrière de Groslay ; ils occupent aussi la ferme et tirent des fenêtres sur quelques-uns de nôtres qui se sont trop approchés.

La nuit suivante, aussi froide, aussi pluvieuse, est plus calme ; à peine quelques coups de fusil. Les Prussiens, dit-on, n'attaquent point le dimanche. Erreur :

Le 30 octobre, à 7 heures, le canon se fait entendre du côté du Bourget, nos clairons sonnent aux armes, les sacs préparés à la hâte, nous nous précipitons à notre poste de combat ; nous avons à garder la droite du village, au centre, le parc est occupé par l'infanterie de marine, à gauche, sont les francs-tireurs.

Par les meurtrières que nous avons pratiquées dans les murs des jardins, nous découvrons l'ennemi massé vers Blanc-Mesnil ; ses tirailleurs, déployés sur la ligne au chemin de fer de Soissons, couvrent seize pièces de canon mises en batterie à douze cents mètres de nous.

En attendant que le feu commence de notre côté, nous écoutons avec anxiété le bruit du combat furieux qui se livre près de nous au Bourget; nous savons que les 12e et 14e bataillons de la Seine y sont depuis hier, mais ils n'ont pas un canon, et l'artillerie qui tonne si violemment, c'est l'artillerie prussienne qui prépare le chemin aux colonnes nombreuses que nous voyons descendre de Dugny. A plusieurs reprises, l'artillerie se tait, une fusillade terrible lui succède, puis le bombardement recommence; c'est que l'assaut est repoussé et que les nôtres tiennent toujours ; cependant ils ne sont pas plus de trois ou quatre mille dans le Bourget et l'ennemi a bien, outre ses canons, vingt mille hommes en ligne.

Les obus commencent bientôt à pleuvoir sur nous, ils s'enfoncent dans la terre détrempée par la pluie et éclatent sans faire aucun mal. Le commandant Salmon parcourt nos lignes ; son cheval a la tête emportée. « Tenez bon, recommande-t-il à nos officiers, j'ai fait demander de l'artillerie. » Nous accueillons cette nouvelle avec joie ; la position est excellente, du reste, le terrain descend en pente douce, jusqu'à l'ennemi et nous attendons avec confiance l'infanterie prussienne; mais elle ne bouge pas. Les obus éclatent partout, dans les jardins et sur les maisons dont les toits s'effondrent avec fracas, le parc est criblé de boîtes à balles qui broient les branches et blessent grièvement une douzaine de soldats de marine. Ils nous paieront cela, pensons-nous, quand nos canons dirigeront sur eux leurs feux plongeants.

Sur le clocher de la petite église du Dranzy, un marin, en manches de chemise, perce la toiture à coups de hache pour y établir un observatoire. L'ennemi le vise, les obus sifflent autour du marin qui n'en paraît pas ému et n'interrompt sa besogne que pour narguer les pointeurs prussiens par un geste plus facile à deviner qu'à décrire.

Depuis quatre heures, nous sommes exposés au feu de l'ennemi sans pouvoir riposter; l'artillerie que nous attendons avec une impatience fiévreuse n'arrive pas, et la nouvelle se répand que le Bourget nous a été pris et que les 12e et 14e bataillons ont été cernés. Le commandant Salmon donne l'ordre de la retraite; le bataillon part le dernier; la 7e compagnie est déployée en tirailleurs pour protéger le mouvement contre la cavalerie prussienne massée derrière Groslay.

Notre mécontentement est grand; nos camarades du Bourget ont été victimes d'une imprévoyance inexplicable, et nous, nous avons dû céder une position que nous eussions gardée sûrement avec un peu d'artillerie. L'ennemi qui nous étreint n'omet aucune précaution, et par notre légèreté nous augmentons encore ses chances de succès.

BOBIGNY

30 OCTOBRE. — 14 NOVEMBRE

—

Nous reprenons notre cantonnement précédent à Bobigny. A peine avons-nous déposé nos sacs que l'amiral Saisset nous donne l'ordre de revenir au Drancy ; nous partons avec quelques marins chargés de rapporter un appareil de lumière électrique, oublié dans l'église. Nous revenons à la nuit sans avoir brûlé une cartouche, l'ennemi n'a point occupé le village.

La première semaine de novembre est fort triste ; après l'affaire du Bourget, l'émeute à l'Hôtel-de-Ville et la reddition de Metz. La chute de Strasbourg et de Toul nous avait déjà profondément affligés, mais celle de Metz est pour nous un coup de foudre. Metz, notre citadelle imprenable qui immobilisait 300,000 Allemands! La garde, nos meilleures troupes, y ont déposé les armes; Bazaine aurait-il trahi ? je ne sais, mais à coup sûr on trahit dans Paris même. Ne sont-ce pas des traîtres ceux qui, dans la situation terrible où nous nous trouvons, ne reculent pas devant la guerre civile, et qui, sous le vague programme de la Commune, servent, non leur pays, mais de misérables ambitions.

Nous avons voté en faveur du Gouvernement de la Défense Nationale. Le bataillon n'a pas hésité entre lui et ces héros de faubourg qui ne montrent de l'énergie que pour l'injure et ne manœuvrent que dans les rues de Paris.

PANTIN

14 NOVEMBRE AU 19 NOVEMBRE

Le 14 novembre au soir, sur l'ordre de l'amiral, nous allons de Bobigny à Pantin pour y séjourner jusqu'au 19; nous ne faisons qu'y coucher, le bataillon revient à Bobigny pendant la journée et n'en part qu'à la nuit.

Rien de plus monotone que ces allées et venues continuelles; nous poussons jusqu'au Drancy pour nous distraire, et nos promenades ont coûté la vie à plus d'une sentinelle du roi Guillaume.

Cependant le 17 novembre, quelques-uns des nôtres ont failli donner dans un piége. Le commandant, accompagné du capitaine Maury et de 30 mobiles de sa compagnie, s'était rendu au Drancy, où l'avaient rejoint le capitaine de la Mare et le lieutenant Walewski. En regardant sur la ligne du chemin de fer de Soissons on n'aperçut que six ou sept Prussiens près de la maisonnette de surveillant qui servait de poste à l'ennemi.

Le commandant proposa au capitaine Maury de les enlever ; ce dernier, après avoir disposé quelques hommes à droite et à gauche du parc pour observer Groslay et le Bourget, partit avec dix-huit volontaires, parmi lesquels le sergent Marescot de la 3ᵉ compagnie.

Ils arrivèrent sans recevoir un coup de fusil jusqu'à un fossé dans lequel ils se glissèrent, à 50 mètres du poste ; le silence de l'ennemi inspirant quelques soupçons au capitaine, il examina la position avant de donner l'ordre de s'élancer ; bien lui en prit. Les sept Prussiens avaient multiplié ; bien que couchés à plat ventre sur le talus, on voyait leurs nombreux visages derrière les créneaux d'une barricade formant bordure sur la voie ; il fallait renoncer à les attaquer à la baïonnette. Les mobiles n'en commencèrent pas moins le feu ; pendant une demi-heure, ils le continuèrent en se hissant à tour de rôle sur le bord du fossé ; mais sous la pluie de balles dont l'ennemi les couvrait de face, de droite et de gauche, leur situation devenait des plus critiques. L'amiral Saisset avait heureusement vu du fort de Noisy ce qui se passait dans la plaine ; malgré l'énorme distance, il fit lancer quelques obus qui forcèrent l'ennemi à ralentir son feu ; nos hommes en profitèrent pour se dégager un à un, mais sans cesser de tirer ; quelques képis étaient troués ; mais, par un bonheur providentiel, le capitaine ramenait ses dix-huit volontaires. Trois Prussiens avaient été tués, un par le fort, deux par les mobiles.

Pendant cette petite tentative, quelques gardes montrèrent la plus grande insouciance du danger ; entre autres, le caporal Gutperle et le garde Dard, qui ne cessèrent de faire feu en ajustant froidement, malgré le péril qu'il y avait à rester découvert.

Attaqué sur ce point à plusieurs reprises par nous et par le bataillon des éclaireurs Poulignac, l'ennemi avait creusé derrière la voie une tranchée dans laquelle il dissimulait ses forces.

ROSNY-SOUS-BOIS

20 AU 28 NOVEMBRE

Le 29 novembre au matin, départ pour Rosny-sous-Bois ; les 6e, 7e et 8e bataillons y forment le 3e régiment des mobiles de la Seine, commandé par le lieutenant-colonel de Bonneuil ; deux bataillons d'Ile-et-Vilaine et un du Finistère composent avec nous la brigade du colonel Valette, appartenant à la division du général d'Hugues.

Nous devons prendre part aux grandes opérations que l'on projette ; le 8e bataillon y tiendra une place honorable ; les reconnaissances que le commandant Léger lui a fait faire ont été une excellente école, nous habituant au danger et développant l'émulation et l'esprit de corps.

Les anciens éléments du bataillon sont excellents ; nos cadres sont composés de jeunes gens intelligents et instruits, et ceux d'entre nous qui n'ont point un ardent patriotisme ont au moins le sentiment du devoir. Malheureusement, il nous vient chaque jour de nouvelles recrues, l'effectif s'augmente sans gagner en valeur; pour la plupart pressés par le besoin, ces volontaires de la dernière heure n'apportent que mauvais vouloir et mécontentement.

Nous occupons, dans la ligne des grand'gardes, la chaussée du chemin de fer de Strasbourg, depuis Rosny jusque auprès de Noisy-le-Sec. Nous y sommes dans la boue jusqu'aux genoux et sans abri, sous une pluie perpétuelle; entre nos heures de faction, pendant ces nuits sombres et froides, nous formons le cercle autour d'un feu de bois vert et mouillé dont la lueur fumeuse répand sur nous des teintes fantastiques; on rit malgré tout, on cause à voix basse, l'oreille aux écoutes, le fusil sous la main; l'ennemi n'est pas loin, nous voyons pendant le jour les sentinelles prussiennes immobiles au pied des arbres de la forêt de Bondy.

AVRON

28 NOVEMBRE. — 28 DÉCEMBRE

—

La division du général d'Hugues a l'ordre d'occuper le plateau d'Avron.

Le 28, à dix heures du soir, nous prenons la route de Rosny au Raincy. A la hauteur des premières maisons de Villemomble, nous montons, à droite ; la terre est glissante, les vignes embarrassent notre marche, mais nous observons le plus grand silence, car l'ennemi n'attend peut-être qu'une occasion favorable pour nous surprendre. Le lieutenant adjudant-major Finot nous guide dans l'obscurité; cet officier, qui a déjà rendu au bataillon de réels services à l'époque de l'organisation, est venu la veille, déguisé en paysan, prendre connaissance du terrain; il désigne à chaque compagnie la place qu'elle doit occuper, nous faisons halte et, l'arme au pied, nous attendons le jour.

L'ombre se dissipe : en face de nous s'élèvent les pentes boisées du Raincy et les hauteurs abruptes de

Gagny; aux extrémités du vallon qui nous en sépare, sont deux villages : Villemomble à nos pieds, Gagny un peu plus loin ; à mesure que s'élèvent les vapeurs du matin, nous découvrons une partie de la vallée de la Marne et le pont de Chelles, par lequel les Prussiens communiquent avec le plateau de Champigny et de Villiers.

Nous plantons nos tentes-abris derrière un long mur bâti en mi-côte et nous partageons avec le 7e bataillon l'honneur d'être les plus rapprochés de l'ennemi.

Déjà les coups de fusils retentissent dans Villemomble; ce sont les postes prussiens et les nôtres qui échangent quelques balles pour régler la ligne de démarcation; l'ennemi nous abandonne les deux tiers du village et nous pouvons sans trop de danger nous y approvisionner de bois ; c'est à qui en apportera le plus au campement; le bois devient aussi indispensable que le pain, car le vent du nord souffle sous nos petites tentes et la terre est glacée.

Pendant la nuit dernière, les marins ont eu bien du mal à hisser sur le plateau, défoncé par la pluie, d'énormes pièces de 32 et des obusiers de 12; aujourd'hui qu'il faut creuser des tranchées, élever des épaulements la terre s'étant durcie sous la gelée, le travail n'en est que plus actif; les batteries doivent être prêtes pour demain; de Vincennes, à Rosny, 150,000 hommes, sous les ordres du général Ducrot, vont se jeter sur l'ennemi. Notre armée de la Loire s'avance, demain la victoire peut nous rendre libres.

Le 30 novembre, à quatre heures du matin, les tentes sont abattues, les sacs prêts, nous veillons. Chacun comprend l'importance stratégique d'Avron dans l'affaire qui va s'engager sur les rives de la Marne ; nos batteries doivent couvrir le passage de la rivière par nos troupes et couper à Chelles les communications de l'ennemi.

A l'horizon le ciel blanchit à peine que la fusillade crépite à Nogent-sur-Marne; d'instants en instants nous l'entendons, plus vive et plus étendue ; nos canons tonnent bientôt ; quand le soleil apparaît, la bataille est engagée sur tous les points.

Outre les pièces servies par les marins, nous avons sur le plateau l'artillerie volontaire du commandant Pothier. Nos obus éclatent de plus en plus nombreux sur l'ennemi dont les projectiles arrivent à peine au pied d'Avron. Pressée par nos troupes qu'anime la présence du général Ducrot, l'armée prussienne cède le terrain; nos batteries l'atteignent encore dans sa retraite et arrêtent à Chelles le passage de ses réserves. Avec le jour le feu cesse ; notre armée victorieuse bivouaque sur les hauteurs que l'ennemi occupait le matin. « Mau« vaise nouvelle pour Augusta, entends-je dire; en route « pour la trouée, nous partons pour la province. » Le succès nous a rendu l'espoir et la gaieté. Cependant le froid redouble ; roulés dans nos couvertures, accroupis près des feux, nous nous brûlons, nous nous gelons tout à la fois ; mais quelle agonie pour les blessés encore étendus sur le champ de bataille !

Le lendemain à quatre heures du matin, le lieutenant-colonel de Bonneuil et le commandant Léger font leur ronde; personne n'est en faute, les toiles des tentes sont déjà pliées sur nos sacs, et si de l'autre coté de la Marne notre armée pousse en avant, nous sommes prêts à attaquer les hauteurs du Raincy. Mais pas un coup de canon ne se fait entendre, il y a trêve. On enterre les morts, on relève les mourants, les survivants se reposent des fatigues d'hier et des souffrances de la nuit ; celle qui vient, aussi froide, aussi terrible, précède la journée du 2 décembre qui doit éclairer une seconde bataille : à dix heures du matin nous mettons sac au dos, nous avons l'ordre de marcher au secours des troupes que l'ennemi a surprises et qu'il rejette sur la Marne ; mais le général Ducrot a arrêté la retraite, et, dans la soirée, l'ennemi plie à son tour et abandonne les positions qu'il avait un instant reconquises. Nos soldats improvisés, ce sécoliers, comme les appelait Bismarck, ont, malgré les pertes et les fatigues d'un premier combat, repoussé les 100,000 Allemands venus la veille de Versailles et de Saint-Germain.

Nos batteries d'Avron ont, comme le premier jour, écrasé l'ennemi et contribué à cette seconde victoire. Victoires stériles, hélas ! Nos troupes rentrent à Vincennes et douze heures après les Prussiens reviennent s'installer dans les positions d'où ils avaient été chassés. On explique ce mouvement par de mauvaises nouvelles qui seraient arrivées de l'armée de la Loire en retraite sur Orléans.

La division du général d'Hugues reste sur le mont Avron et s'y établit le plus commodément possible ; nous construisons des abris en planches ; chaque escouade a sa hutte où l'on ne pénètre qu'en se courbant, et la neige qui tombe donne à notre campement l'aspect d'un village d'Esquimaux. Nous pourrions nous croire au bout de la terre, nous sommes trop loin de Paris pour recevoir encore les visiteurs affectueux qui venaient à Bobigny, au Drancy même, prendre et nous donner des nouvelles ; cependant, quelle doit être l'inquiétude de ces parents, que l'on voyait malgré la pluie, malgré la boue, attendre sur la route le retour d'une reconnaissance !

Mais nous n'avons guère le temps d'y songer ; six compagnies sur huit sont de service par jour. A quatre heures et demie du matin, tout le monde est debout ;

une reconnaissance est faite aussitôt à Villemomble, dans le parc qui nous sépare de l'ennemi ; les mobiles pénètrent en silence dans les fourrés d'arbres que la nuit rend plus sombres encore : « Wher da! » entent-on crier, et une balle siffle dans les branches ; c'est une sentinelle prussienne qui a tiré et se replie rapidement ; personne n'est atteint et l'on revient après s'être assuré que l'ennemi n'a point fait de mouvement en avant. Vient ensuite le travail des tranchées devant les batteries ; ici, les Parisiens se font remarquer par leur nonchalance, et si le froid ne les stimulait un peu, la pioche resterait inactive entre leurs mains. Nous préférerions descendre à Villemomble, mais il faut maintenant une autorisation spéciale ; avant, nous nous échappions par petits groupes, et nous allions faire le coup de feu avec les postes saxons. Quelquefois des marins se joignaient à nous, c'était alors une petite guerre incessante dans laquelle plus d'un camarade a payé cher sa témérité, tandis que les Saxons se tenaient prudemment blottis derrière leurs barricades ou faisaient feu tout à coup par des fenêtres dont les persiennes restaient toujours fermées. Nos ennemis ne sont pas entreprenants, ils ne viennent jamais à nous et se contentent de nous lâcher des coups des fusil quand nous allons dans le parc, où ils n'osent mettre le pied. Cependant, une des dernières nuits ils sont venus jusqu'aux murs du jardin potager et ont fait feu sur nos postes ; ils ne recommenceront plus impunément le même tour, le capitaine Maury, qui prenait la garde le lendemain, a placé ses sentinelles dans le parc même et a dressé plus loin une embuscade ingénieusement établie ; cette disposition, approuvée par le commandant, est suivie depuis par la plupart des capitaines. Les volontaires ne manquent pas pour passer là nuit au *traquenard* (c'est ainsi que nous désignons l'embuscade) ; il faut cependant rester là pendant dix heures, sans feu, sans lumière, presque sans mouvement, par 14 degrés de froid : mais rien ne coûte pour descendre un Prussien.

C'est le poste des hommes sans peur ; le même officier a aussi trouvé le poste des poltrons, mais un seul jusqu'ici a mérité de l'occuper. Le pauvre diable, que nos moqueries ont largement puni, était depuis peu de jours arrivé au bataillon ; de garde pendant la nuit, il s'est trouvé tout à coup, au coin d'un mur, nez à nez avec une sentinelle ennemie ; pris d'une terreur mutuelle, ces deux hommes se sont enfuis chacun de leur côté. Je ne sais quelle a été la punition du Saxon, quant au nôtre « vous êtes un brave, lui dit le capitaine, vous méritez un poste de haute confiance, » et, lui désignant une statue de Velléda, placée au milieu d'une pelouse où l'on ne courait d'autre danger que celui de s'enrhumer, « allez surveiller cette druidesse et faites feu sur elle si elle tente de descendre de son piédestal ». Nous avons ri, mais aucun de nous n'augmentera la garde de Velléda.

Le Raincy est assez près de nous pour que nous entendions jouer les musiques saxonnes et que nous voyions nos ennemis aller et venir en flânant. Ils occupent les blanches maisonnettes et les chalets qui s'étagent coquettement sur la pente, mais ils semblent craindre de jouir de l'aspect que nous leur offrons, et les volets verts restent constamment clos de notre côté ; bonne précaution, du reste, car nos obus vont parfois troubler le repos des amateurs de pendules, et nous les voyons alors sortir éperdus comme des lapins à l'approche du furet.

Il n'y a sur notre plateau que six à sept maisons,

occupées par l'état-major; elles constituent le village embryonnaire de Beauséjour, un nom qui ne nous serait pas venu à l'idée par le temps qui court. Nous avons pourtant une fanfare pour charmer nos loisirs; mais ils sont si rares que notre musique ne se fait entendre que le dimanche, pendant la parade.

Notre chef de bataillon vient d'être décoré de la Légion d'honneur. C'est une récompense méritée, et tous nous y applaudissons; car, outre ses services antérieurs en Afrique et en Crimée, le commandant Léger a dirigé toutes nos reconnaissances en montrant partout, sous le feu de l'ennemi, le courage le plus calme.

M. de Bonneuil, notre lieutenant-colonel, est en même temps promu officier de la Légion d'honneur. Nous ne le connaissons que depuis quelques jours, nous l'estimons déjà. Son allure martiale, sa haute taille, qui rappelle à l'imagination les chevaliers d'autrefois, sa brusquerie toute militaire nous plaisent et nous inspirent la plus grande confiance.

Après un dégel de quelques jours, qui a détrempé le sol et fait de notre camp un vrai bourbier, dans lequel nous pataugions jusqu'à mi-jambe, le froid est revenu plus rigoureux que jamais; les routes sont enfin praticables à l'artillerie, une nouvelle sortie se prépare.

Le 20 décembre, défense de s'éloigner du camp. De la Ville-Evrard au Bourget, sur notre droite et sur notre gauche, une canonnade furieuse s'engage; nos batteries d'Avron se mettent de la partie et battent vigoureusement les rives de la Marne, tandis qu'une batterie nouvellement établie près de nous, au-dessus de Villemonble, tire sans relâche sur la forêt de Bondy.—Après avoir enlevé le Bourget, l'aile gauche de notre armée doit se rabattre sur la forêt de Bondy ; nous attaquerons alors les hauteurs du Raincy. Mais le Bourget, enlevé à l'abordage par les marins, nous a été repris, et le mouvement que nous devons appuyer ne s'opère pas ; la ferme de Groslay et la Ville-Evrard restent au pouvoir de nos soldats, et la nuit vient sans que nous ayons obtenu d'autres avantages. Dans cette journée, l'ennemi, ménageant son infanterie, nous a partout opposé ses nombreux canons ; plusieurs obus sont venus éclater près de nous.

Le mont Avron, qui s'avance comme un coin dans les lignes d'investissement, gêne beaucoup l'ennemi et lui cause des pertes continuelles ; il faut s'attendre de sa part à une violente attaque. Les officiers d'artillerie ne croient pas à un bombardement, en présence des soixante pièces que nous avons en position ; les Prussiens tenteront l'assaut, pense-t-on généralement. Ma foi, nous ne serions pas fâchés de voir ces gros Saxons monter à découvert et se départir une fois de leur prudence habituelle.

Les sentinelles redoublent d'attention ; la surveillance est facile par ces nuits froides et claires. Le ciel est étoilé, la terre couverte de neige, et les arbres sont blanchis par le givre. Durci par un froid excessif, le sol résonne comme du métal ; nous entendons depuis quelques jours l'ennemi travailler avec ardeur : nous distinguons le bruit des pioches, les coups de maillets et le roulement de chariots lourdement chargés. Chaque matin, ces renseignements sont mentionnés dans les rapports des capitaines des grand'gardes ; pendant la nuit de Noël, nous descendons dans le parc, et nous en revenons convaincus que nos voisins établissent des batteries sur les hauteurs du Raincy et de Gagny.

Le 27 décembre, à huit heures du matin, un coup

de canon part de Gagny ; comme une traînée de poudre, la longue ligne des hauteurs qui nous font face s'illumine d'éclairs ; cent pièces de canon, subitement démasquées à deux mille mètres, tirent sur notre plateau. En quelques instants, les maisonnettes de Beauséjour sont trouées par des obus énormes. Dès les premiers coups, le bataillon compte des victimes ; un obus éclate au milieu d'une escouade de la 3e compagnie ; trois mobiles sont tués, quatre blessés ; seul, le caporal Clunet reste sain et sauf. En arrière de nous, au 6e bataillon, trois officiers et l'aumônier sont tués par les éclats du même projectile. Nos batteries ne tardent pas à riposter. Les détonations incessantes de cent soixante pièces de canon remplissent la vallée d'un grondement formidable. Pendant toute la journée c'est un véritable ouragan de fer qui broie tout sur son passage. Dans la soirée, le feu se ralentit de notre côté ; sur les quatre heures, il cesse complétement. L'artillerie ennemie semble au contraire redoubler de violence jusqu'à la nuit ; mais, à partir de six heures, il ne nous arrive plus que quelques obus isolés.

A la nuit tombante, la fusillade résonne dans Villemonble ; pendant quelques instants nous croyons à une attaque sérieuse de l'infanterie saxonne ; mais le silence se rétablit bientôt : les Prussiens s'étaient glissés dans le parc pour s'assurer de notre présence ; les capitaines de grand'garde Beaugendre et de La Mare, croyant qu'ils occupaient déjà le château, s'y sont jetés pour le reprendre. L'ennemi n'y était pas encore et se tenait prudemment à quelque distance. Nos tirailleurs, sous les ordres du lieutenant Bournon, l'ont vite fait déguerpir. Nous avons eu là un blessé.

Notre situation est très mauvaise, personne ne l'ignore : nos batteries sont en partie démontées ;

moins élevé et moins étendu que les hauteurs du Raincy, de Gagny et de Chelles, le mont Avron est exposé aux feux convergents de ces différents points ; nos braves artilleurs, fortement éprouvés, se trouvent dans l'impossibilité de continuer la lutte. On profite de la nuit pour enlever les canons et les munitions et les ramener à Rosny ; mais l'infanterie doit rester jusqu'au complet désarmement du plateau.

La continuité du péril amène l'insouciance : nous dormons, et quand un obus vient de temps à autre éclater trop près de nous et nous éveille en sursaut : « Sont-ils embêtants ! disons-nous ; on ne peut donc pas dormir tranquille ? » Nous sommes de mauvaise humeur, on ne saurait nous en vouloir.

A cinq heures du matin, la 3e compagnie descend à Villemonble pour relever la 1re, qui est de grand'garde depuis quarante heures.

Nous sortons de nos baraques, nous préparons le café. Le jour vient, il est huit heures cinq minutes. « Tiens ! s'écrie un mobile, la montre de Guillaume qui retarde ! » Pas de beaucoup ; le bombardement recommence aussitôt avec la même violence que la veille ; les canons Krupp ont beau jeu cette fois, nos batteries sont muettes. Les autres bataillons et deux de nos compagnies sont abrités tant bien que mal dans les tranchées creusées en arrière ; mais la moitié du 8e est à l'avancée sur la pente au-dessus de Villemonble ; nous restons là, derrière un mur ébréché par les obus, causant autour de nos feux, dont la fumée trahit cependant notre présence ; mais il fait si froid ! — Le colonel Vallette, dont la bravoure est connue de toute l'armée, vient et passe quelques instants parmi nous. Certes, il en a vu d'autres en Crimée et en Italie ; mais je doute que le colonel ait jamais vu plus de calme chez des hommes exposés à un danger plus grand. Si encore nous pouvions riposter; mais les chassepots sont inutiles contre les canons prussiens, auxquels se joignent des fusils de rempart; dès que l'un de nous se montre, il entend siffler leurs balles de fer, longues de deux pouces.

L'adjudant Fauche, qui a mérité l'estime de tous par la fermeté avec laquelle il remplit son ingrate fonction, parcourt nos lignes et prend les noms de nos malheureux camarades tués ou blessés. Son frère est sous-lieutenant à la 1re compagnie; il le retrouve sain et sauf, lui serre la main et continue sa périlleuse visite.

Dans la soirée, des obus tombent aussi dans Villemonble, épargné jusque-là. Les Saxons cherchent à atteindre notre grand'garde et tirent sur les maisons qu'ils supposent occupées par elle. Les capitaines Beaugendre et Walewski (ce dernier promu à ce grade depuis un mois) déploient leurs compagnies dans les jardins, où pas un homme n'est touché.

A mesure que le jour baisse, la canonnade devient plus intense, l'ennemi met à profit le peu de temps qui lui reste. La nuit vient enfin mettre un terme à ce bombardement acharné. Cinquante-neuf hommes du bataillon ont été tués ou blessés : c'est peu relativement au nombre considérable de projectiles qui ont bouleversé le plateau pendant ces deux journées. Nous devons à l'étendue de nos lignes de n'avoir pas subi de pertes plus nombreuses.

Le travail est achevé sur le plateau, tout a été enlevé; seul un obusier de 12 est abandonné dans un ravin d'où tous les efforts n'ont pu le tirer. A dix heures du soir arrive l'ordre d'évacuer. Successivement, compagnie par compagnie, nous montons en silence, nous traversons le plateau désert et nous descendons sur le versant de la vallée de la Marne, pour passer la nuit dans les carrières de Nogent. A mi-côte, la division Vinoy est campée dans la neige; serrés les uns contre les autres autour de brasiers ardents, les soldats présentent l'aspect le plus étrange.

La tranchée d'un chemin de fer d'exploitation nous conduit à l'entrée des carrières; les 6°, 7° et 8° bataillons trouvent place dans cette caverne immense. A la lueur des feux qui s'allument de tous côtés nous regardons avec surprise la voûte irrégulière et profonde que soutiennent des piliers gigantesques; des escaliers fouillés dans le vif montent à des galeries élevées, les plus agiles y grimpent armés de tisons enflammés. On se cherche, on s'appelle, ce n'est, pendant quelques instants, que bruit et lumière. Peu à peu le bruit cesse, les lumières s'éteignent, et, la couverture roulée autour du corps, chacun s'endort sur son lit de granit.

Les 2° et 3° compagnies de grand'garde nous ont rejoints pendant la nuit; elles sont restées près de deux heures isolées à Villemonble, mais tenant ferme contre toutes les surprises de l'ennemi.

A quatre heures du matin, le clairon éveille l'écho des carrières. Engourdis par un froid rigoureux, nous nous dirigeons sur Vincennes, où la division d'Hugues doit prendre quelques jours de repos. Les Prussiens, informés de notre départ d'Avron, ne cessent de tirer dans la direction probable de notre retraite; de minute en minute des éclairs rougissent l'espace, le canon se fait entendre derrière nous et les obus éclatent çà et là sur notre route.

A Rosny, nous faisons halte pour laisser passer l'artillerie ; il fait jour quand nous reprenons la route de Montreuil ; quelques bombes y sont tombées hier. Le brouillard cache heureusement à l'ennemi la marche de notre colonne.

Pendant que le bataillon traverse Montreuil, le père d'un de nos camarades tué à Avron accourt de Paris pour avoir des nouvelles de son fils. — « Il est mort, lui répond sans le connaître le mobile auquel il s'adresse. — En êtes-vous sûr? — Mais oui, c'est hier qu'il a été tué. » — Le malheureux père se roidit contre sa douleur, fait quelques pas et tombe comme foudroyé.

Nous passons la nuit du 29 au 30 décembre dans les baraques en planches du polygone de Vincennes ; on ne peut y allumer du feu et le froid n'a jamais été plus cruel ; plusieurs hommes sont atteints de congélation et transportés à l'hôpital. Ce n'est point là que nous pouvons, épuisés comme nous sommes, nous remettre des fatigues que nous venons d'éprouver ; aussi recevons-nous avec joie l'ordre de nous rendre à Saint-Maurice.

Quelques-uns d'entre nous ont obtenu la permission de passer vingt-quatre heures dans leur famille ; ils reviennent indignés de l'accueil qui leur a été fait à certaines portes de Paris par des gardes nationaux, de ceux-là, sans doute, dont les grand'gardes ne vont pas au delà des barrières. — La grossièreté, nous la pardonnons, elle est parfois naturelle ; mais nous protestons contre l'injustice, et nous repoussons énergiquement les fausses accusations que l'on répand contre nous. On a parlé de fuyards d'Avron. Je ne sais quels ils pouvaient être, mais j'affirme que pas un de nous n'a déserté son poste ; l'honneur du bataillon est intact. Pendant cent dix jours nous avons occupé, en face de l'ennemi, les points les plus avancés ; nous avons enduré, sans abri, les rigueurs d'un hiver exceptionnel. C'était notre devoir, nous l'avons fait.

SAINT-MAURICE

31 DÉCEMBRE 1870. — 17 JANVIER 1874.

—

La division du général d'Hugues est cantonnée à Charenton et à Saint-Maurice ; le 8ᵉ bataillon est dans ce dernier village. On y rencontre quelques habitants dans les rues, quelques boutiques même sont ouvertes, nous dormons sur des planchers, dans des maisons, sous des toits ; ce sont pour nous les délices de Capoue. Cependant l'ennui vient ; habitués au danger des grand'gardes, il nous semble que nous sommes casernés ; plus d'un parmi nous ne peut se faire à cette inaction et regrette l'existence aventureuse que nous avons menée jusqu'ici. Les obus éclatent dans Paris ; le bruit sourd des détonations arrive jusqu'à nous, mais les victimes sont maintenant des femmes, des enfants et des vieillards, et cette pensée nous rend plus pénible l'absence du péril.

Nous avons l'espoir de marcher bientôt, car le moment suprême ne saurait tarder. L'un de ces derniers jours, pendant que nous manœuvrions au polygone de Vincennes, le lieutenant-colonel de Bonneuil nous a réunis tous autour de lui, et là, au milieu de ses petits moblots, comme il nous appelle : « Mes amis, a-t-il dit, je tiens à féliciter d'abord le 8ᵉ bataillon sur la disposition intelligente de ses grand'gardes à Avron ; j'ai, en outre, à vous communiquer d'heureuses nouvelles : dans le Nord, Faidherbe est victorieux ; dans l'Est, Bourbaki, après une marche audacieuse, est sur le point de couper les communications de l'ennemi avec l'Allemagne ; ici, un dernier effort, et Paris est délivré, et la France est sauvée. » Ces mots, dits avec l'accent du patriotisme, ont soulevé notre enthousiasme : La France sera sauvée : Parisiens, notre scepticisme et notre insouciance ont disparu à ces seules paroles ; nous avons la foi, nous avons le courage, et dans le cœur nous avons la haine de l'ennemi.

LA FOUILLEUSE

19 janvier 1871

—

Le 17 janvier, nous partons en reconnaissance, en avant de Créteil, lorsqu'un officier d'état-major nous porte l'ordre de rebrousser chemin et de nous rendre à Neuilly; le chemin de fer de ceinture nous y amène dans la nuit avec le reste de la brigade Vallette.

Une grande sortie se prépare; pendant la journée du lendemain, de nombreux bataillons de marche de la garde nationale défilent devant nous, se dirigeant vers Courbevoie et Suresnes; ils doivent y passer la nuit pour se trouver demain en première ligne. Le 19 janvier, dès 4 heures du matin, le bataillon est aligné dans l'avenue de la Grande-Armée; il est dix heures quand nous nous mettons en mouvement; notre marche est lente et coupée de haltes fréquentes; la route est encombrée de voitures d'ambulance; quelques-unes partent déjà, elles ont reçu leur chargement; mais beaucoup de blessés reviennent à pied; nous les interrogeons:

« Tout va bien », nous disent-ils. Dans l'après-midi nous contournons le Mont-Valérien ; le théâtre de la bataille nous apparaît alors ; de Montretout à la Jonchère, une longue ligne de fumée blanche nous indique la position de notre armée ; les Prussiens, repoussés le matin jusqu'à Garches, sont revenus à la charge, et, cachés dans les bois, couvrent la crête des hauteurs de Buzenval ; les canons du Mont-Valérien et des batteries établies à droite au-dessus de Rueil, tirent sans relâche sur la Bergerie et les rives de la Seine ; mais dans ces champs détrempés par de longues pluies, nos pièces de campagne ne peuvent manœuvrer et défendre les positions enlevées le matin.

Les obus, les balles même arrivent jusqu'à nous ; le colonel Valette donne l'ordre de se porter en avant : alignés comme à l'exercice, nos bataillons de la Seine descendent en colonnes, par pelotons, dans le vallon qui est au pied de Buzenval. Chacun est plein de résolution, nous sentons que cette journée décidera peut-être du sort de Paris. Nous faisons halte dans la vallée, et le colonel fait tirer au sort le numéro du bataillon qui marchera le premier : c'est le 8e qui aura cet honneur. Le bataillon est au complet, selon son habitude, car chaque fois que nous avons dû nous trouver en présence de l'ennemi, les vides qui pouvaient exister dans les rangs se sont remplis comme par enchantement ; aujourd'hui encore, nous avons été rejoints par quelques-uns de nos camarades qui se trouvaient malades à Paris, entre autres, Muthiaux, garde à la 1re compagnie, Gilles, garde à la 3e, et Gilles, fourrier de la 6e, qui viennent, malgré le mauvais état de leur santé, réclamer leur part du danger commun.

Nous attendons le signal, mais la nuit survient sans

que nous soyons appelés ; le combat finit ; nous ignorons encore les résultats obtenus; cependant le doute nous vient à l'esprit ; nous entendons dire que l'attaque a manqué d'ensemble et n'a pas eu partout la même énergie et que si les gardes nationaux de quelques bataillons se sont battus comme des soldats éprouvés, d'autres, au contraire, se sont fondus dans le plus grand désordre. Quoiqu'il en soit nous les voyons revenir pêle-mêle se reformer près de nos feux de bivouac.

A 9 heures du soir, nous recevons enfin l'ordre d'occuper la Fouilleuse, où l'on craint une attaque ; nous passons la nuit dans un fossé boueux; triste nuit, la ferme est pleine de morts et de blessés; des balles tirées au hasard par l'ennemi, qui est à 400 mètres de nous, atteignent deux de nos sentinelles.

Le 20 janvier, à midi, nous repartons pour Neuilly.

Le 21, nous rentrons à Saint-Maurice, accablés par la fatigue, assombris par le triste résultat de cet effort qui sera peut-être le dernier. Nos réflexions nous reportent à notre départ de Paris, au mois de juillet : des vivats enthousiastes nous accompagnaient, il y a six mois à la gare de la Villette, aujourd'hui nous traversons Paris silencieux et appesantis par l'insomnie.

La conclusion de l'armistice vient bientôt justifier nos prévisions.

Le 30 janvier, nous rentrons dans Paris pour y être désarmés; quelques-uns peut-être ne voient là que la fin de leurs fatigues; mais, pour la plupart, c'est un ordre de l'ennemi ; nous sommes trop soldats déjà, pour ne pas ressentir vivement l'humiliation qu'on nous impose. C'est dans ce sentiment que nous allons aux Invalides déposer nos armes, dans ces lieux témoins de notre première réunion militaire.

Le licenciement nous rend à la vie civile ; mais en reprenant les occupations dont la guerre nous avait éloignés, rappelons-nous que nos pères nous ont légué une France puissante et que l'avenir doit nous demander un compte sévère de cet héritage. La France est amoindrie, préparons-nous donc à revendiquer l'Alsace et la Lorraine et à effacer la tache que notre époque a laissé tomber sur l'histoire glorieuse de notre patrie. Que le malheur nous instruise et la faute d'hier sera réparée demain !

Paris.   Imprimerie KUGELMANN, rue du Helder, 13.

www.ingramcontent.com/pod-product-compliance
Lightning Source LLC
LaVergne TN
LVHW021726080426
835510LV00010B/1160